p.

V. 2504.
25.2.

22161

LE GUIDE

DE CEUX

QUI VEULENT BÂTIR.

LE GUIDE

DE CEUX

QUI VEULENT BÂTIR;

OUVRAGE dans lequel on donne les renseignemens nécessaires pour se conduire lors de la construction, & prévenir les fraudes qui peuvent s'y glisser.

DÉDIÉ AU ROI.

PAR LE CAMUS DE MÉZIERES, Architecte.

TOME SECOND.

Si quid novisti rectius istis,
Candidus imperti; si non, his utere mecum. HOR. Ep. VI, liv. 1.

A PARIS,

Chez
{
L'AUTEUR, rue du Foin Saint-Jacques; au College de Maitre-Gervais.
BENOIT MORIN, Libraire, rue St. Jacques à la Vérité.
A. JOMBERT jeune, la quatrieme maison à droite en entrant par le Pont-neuf, n°. 116.
}

M. DCC. LXXXVI.

AVEC APPROBATION, ET PRIVILEGE DU ROI.

LE GUIDE

DE CEUX
QUI VEULENT BÂTIR.

LETTRE XXXII.

DE LA MENUISERIE.

1. Des Portes pleines & d'assemblage.
2. Des Portes à bouement, à petit
cadre & à cadre embrevé. 3. Des
Chambranles simples & unis, de ceux
qui sont ornés de moulures. 4. Des
Croisées à la mansarde, de celles qui
sont à noix & gueule de loup, à
petits carreaux & à grands carreaux.
5. Des Volets & des lambris. 6. Des
Planchers en bois de chêne & en bois
de sapin. 7. De ceux qui sont en

planches de 8 à 9 pouces de largeur.
8. Des Planchers en bois de frise.
9. De ceux qui font en épy ou point
d'Hongrie. 10. Des Parquets avec
frise ou fans frise. 11. Des Parquets
de cheminée. 12. Comment ils doivent
être pofés pour être confidérés comme
meubles & immeubles. 13. Des Cloifons pleines ; des Cloifons de fapin ou
de chêne. 14. De celles à claire-voie.
15. Des Coulifes & des poteaux
d'huifferie.

De la Menuiferie en général.

L A Menuiferie eft un des arts mécaniques
qui doit le plus intéreffer dans le Bâtiment.
Elle renferme l'utile & l'agréable. C'eft par
elle que nous fommes en fureté, & que nous
avons mille moyens de nous mettre à l'abri
des intempéries de l'air. Elle décore nos appartemens, & nous garantit de l'humidité ;
c'eft par fa magie que les arbres fe dévelop-

pent & fe réduifent dans les longueurs & les épaiffeurs donc nous avons befoin ; que leurs différentes parties fe réuniffent, femblent ne former qu'un feul corps, & nous produifent des panneaux & des affemblages d'une précifion fans égale. On diroit que c'eft la nature elle-même qui opere & nous favorife de fes miracles. C'eft la baguette de la Fée qui enfante ce que l'imagination peut concevoir de plus utile, de plus agréable & de plus intéreffant. Nous devons à la Menuiferie ces chars brillans, ces caroffes voluptueux qui font notre admiration. Elle décore ces fuperbes cabinets qui font les délices des gens de Lettres ; elle conftruit ces élégans Secretaires, fur lefquels Flore femble avoir répandu fes tréfors, & vouloir furprendre Zéphire.

Jean-Jacques Rouffeau, ce célebre Ecrivain, cet illuftre Philofophe de nos jours, l'honneur de notre fiecle, connoiffoit bien le mérite de cet Art admirable ; il en fentoit toutes les beautés & toute l'utilité. Lifez, & vous verrez qu'un de fes regrets étoit de ne s'être point inftruit de cette profeffion dans fa jeuneffe, de maniere à pouvoir l'exercer dans fes inftans de loifir & de repos..... Mais je m'écarte, ce n'eft pas l'éloge de cet Art que vous demandez, ce font les moyens de l'employer avec tout l'avantage poffible, & de rendre votre maifon commode, agréable & protégée contre l'humidité, les intempéries de l'air, & les infultes de gens mal-intentionnés. C'eft le plan que je fuivrai; je laifferai de côté le meuble, le carroffe & l'é-bénifterie; ce font des branches étrangeres à ce que vous défirez pour l'inftant. La Menuiferie relative au Bâtiment fera le feul objet de cette Lettre.

Qualités du Bois.

Les qualités du bois pour faire de bonne menuiferie font différentes de celles de la charpente qui demande un bois ruftique, dont les fibres foient groffieres & roides. Pour la menuiferie, an contraire, il faut un bois doux, dont les fibres foient peu fenfibles, & pour ainfi dire mariées & confondues enfemble. Ce bois doit être plein, d'une belle couleur, fans aucune gerfure, ni nœuds vicieux, fans aucun aubier, ni même apparence qu'il y en ait eu. Il faut que tout le bois, lorfqu'il eft employé, foit bien dreffé & corroyé; les arrêtes en doivent être vives, les moulures pouffées proprement & avec foin; les onglets bien réunis; il ne doit paroître enfin aucun joint, fous quelque prétexte que ce foit. Le tout doit être affemblé par tenons & mortaifes, par rainures & languettes, collés & entretenus avec des clefs dans l'épaiffeur des bois, retenues elles-mêmes avec des chevilles qui les traverfent. Ne fouffrez ni tampon, ni futée, ni aucun faux trait de fciage.

Le bois de chêne ordinaire dont on fe fert fe nomme *bois françois*. La forêt de Fontainebleau en produit de fuperbes. On en tire de la Vauge, de la Hollande; ce dernier eft fupérieur en beauté. Quant au bois de fapin, c'eft la Lorraine, l'Auvergne & le Bourbonnois qui en fourniffent; les planches de celui de Lorraine font plus minces & plus étroites.

Tous ces bois fe vendent au cent. Mais cela vous eft indifférent, c'eft l'affaire de votre Menuifier. Tout ce que vous devez obferver, c'eſt que celui que vous emploirez doit être ſec, il lui faut au moins cinq ans de coupe, afin qu'il ait eu le temps de jetter cette ſeve indigeſte qui occaſionne la deſtruction de tous les ouvrages. Emploie-t-on du bois verd ? Il travaille, ſe tourmente, ſe déjette, & l'ouvrage le mieux travaillé perd tout ſon prix, il devient difforme & non-recevable. J'avoue que c'eſt le cas où tout Menuiſier répond de ſon ouvrage ; la garantie en eſt d'un an ; mais quelle avance ? c'eſt ſouvent un procès à eſſuyer. En effet, on cherchera à vous perſuader que c'eſt l'humidité du lieu, la fraîcheur des plâtres qui ſont la cauſe de ces effets déſagréables dans le Bâtiment; l'Ouvrier ne manque pas de mauvaiſes raiſons. Pour obvier à ces inconvéniens, & remédier à ces coups de feux qui ſouvent font périr en deux ou trois ans les ouvrages les plus beaux & exécutés avec le plus de ſoin, ne faites pas enduire les murs ſur leſquels vous voulez poſer des lambris, laiſſez le moilon le plus apparent qu'il vous ſera poſſible, contentez-vous d'en faire refaire les joints avec de bon mortier de chaux & de ſable, il vaut

mieux, dans ce cas, que le plâtre : les sels
en sont moins mordans & les nitres moins
abondans. Ayez soin de ne pas appliquer tout
cruement vos lambris sur un mur fraîchement
construit; isolez-les au moins d'un pouce;
faites poser & sceller, de distance en distance, des broches & des tasseaux, de la saillie desirée, pour y attacher vos lambris. Par
cet isolement, vous faciliterez la circulation
de l'air, & chasserez l'humide qui occasionne
la fermentation &, en même temps, la dissipa-
tion des sels qui seuls constituent la bonté &
l'existence des bois que vous employez. Avant
de poser vos lambris, faites-leur donner une
couche d'huile bouillante sur le parement qui
doit être du côté du mur; qu'on les peigne
d'ailleurs de ce même côté de deux bonnes
couches de grosse couleur; qu'on en applique
aussi une couche forte & épaisse sur le mur.
Avec ces précautions, vous vous garantirez
de l'humidité; il est vrai que tous ces moyens
constituent en dépenses, je vous ai prêché
l'économie, mais aussi vous devez savoir que
la véritable économie consiste à ne point
tomber dans le désagrément coûteux de re-

commencer à deux fois son ouvrage. Il est des principes certains dont on ne doit pas s'écarter ; tenter d'autres moyens que ceux connus, c'est ressembler au Chimiste qui cherche la pierre philosophale. Ce n'est pas à celui qui bâtit à s'en occuper, il a d'autres soins à prendre. Voilà encore une digression ; je vous en fais excuse. Je reviens à mon objet pour ne m'en plus écarter.

Les principaux ouvrages de menuiserie pour les bâtimens, consistent en portes, croisées, lambris, parquets, planchers & cloisons. Mon objet est de vous en entretenir pour les qualités & l'exécution. Quant aux détails des prix, je vous renverrai, s'il vous plaît, au traité qu'en a donné M. Potain. C'est un excellent ouvrage bien vu, & qui vous donnera tous les renseignemens dont vous pourrez avoir besoin ; au surplus comme je dois vous envoyer des modeles de devis pour chaque genre d'ouvrage, vous pourrez y avoir recours ; vous y trouverez les prix courans de l'année 1780.

Des Portes.

On emploie dans le bâtiment des portes pleines & des portes d'aſſemblage. Les portes pleines ſont pour les endroits ordinaires où il ne faut pas de décore. Ces portes doivent être au moins de quatorze à quinze lignes d'épaiſſeur, toutes corroyées; elles doivent être à rainures & languettes, avec des clefs ſur la hauteur, le tout bien collé, araſé & emboîté haut & bas.

Si vous voulez épagner vous pourrez vous ſervir, pour les étages ſupérieurs, de portes de bois de ſapin, faites dans le même principe que celles de chêne; mais les emboîtures ſeront en bois de chêne.

Pour les caves vous mettrez, au lieu d'emboîtures, des barres de chêne. Vous pouvez même vous ſervir de bois de bateau, en obſervant de faire poſer les barres à l'oppoſite de l'entrée de la ſerrure, autrement vous n'auriez pas de ſureté, puiſque le premier venu pourroit arracher ces mêmes barres qui entretiennent & font la ſolidité de la porte.

N'admettez pas le ſapin dans les lieux humides, il faut du chêne. Le fapin y périt en peu de temps, il eft trop poreux; c'eft une éponge qui abforbe les parties humides, dont la trop grande abondance diffout les fels qui font la partie vivifiante des bois.

Si vos portes font placées & s'ouvrent en-dehors, mettez auffi des emboîtures par le haut, & des barres à queues embrevées d'un tiers de leur épaiffeur par le bas, & cela à un fixieme environ de la hauteur de la porte.

Pour les contrevents, ils peuvent être de fapin. Il faut des emboîtures de chêne par le haut, & des barres à queue embrevée d'un tiers de leur épaiffeur par le bas.

Les portes d'*affemblage* forment un en-femble de compartimens, & font compofées de battans, de traverfes & de panneaux. Si on pouffe un talon fur la rive des battans & traverfes qui forment le cadre, on appelle ces portes à fimples bouemens d'affemblage & à double parement. On donne aux battans un pouce & demi d'épaiffeur, & aux panneaux un pouce.

Des Portes à petit cadre.

Si vous admettez un boudin avec gorgerin au derriere & une baguette au-devant, c'eſt une porte à petit cadre à double parement. Ce ſont les mêmes épaiſſeurs de bois que celles pour les portes à bouement ; elles ſervent pour des baies de deux pieds, deux pieds & demi, trois pieds au plus de largeur. Si les portes paſſoient ces dimenſions, il fau-droit alors les faire à deux venteaux, donner aux battans & aux traverſes 21 lignes d'épaiſ-ſeur, & aux panneaux 15 lignes, le bois tout corroyé.

Des portes à cadres embrevés.

Faites-vous excéder vos moulures ſur la ſuperficie de battans & traverſes ? C'eſt un aſſemblage particulier. On appelle ces portes des portes à cadre embrevé & à double pa-rement.

Ces profils ne ſe donnent, pour l'ordinaire, qu'aux portes à deux venteaux, & qui ont au moins quatre pieds de largeur. Juſques-là les épaiſſeurs des battans, traverſes & pan-

neaux font les mêmes que celles des portes
à petit cadre ; mais excede-t-on quatre pieds ?
on donne aux battans & traverfes deux pouces, & aux panneaux uu pouce & demi d'é-
paiffeur, tout corroyé.

Si je vous parlois de décoration, je vous
dirois que vos portes doivent avoir pour leur
hauteur deux fois, & un fixieme leur largeur
au moins ; cependant pour les portes qui n'ont
que deux pieds, deux pieds & demi, trois
pieds ; il faut leur donner fept pieds de haut
environ. Les coiffures actuelles y contraignent,
on eft accoutumé à ces hauteurs. D'ailleurs il
y a un avantage, c'eft que fi, par négligence,
on eft obligé de changer un plancher, foit à
caufe d'une piece d'enchevêtrure trop forte
d'un palier pofé un peu haut, & s'il faut rega-
gner, cette grande hauteur devient précieufe.
Il faut convenir que, tel foin que l'on prenne,
il arrive prefque toujours de petits inconvéniens. Il eft donc effentiel d'ufer de précaution. Obfervez encore que les portes au-def-
fous de trois pieds de largeur ne doivent pas fe
faire à cadres embrevés ; c'eft une dépenfe en-
tiérement fuperflue. Je dirai même, vous
devez l'éviter.

Chambranles.

Les portes d'affemblage font en général avec chambranle. Il y en a de deux fortes, favoir des chambranles fimples , & des chambranles ornés de moulure.

Les chambranles fimples font de la même épaiffeur de bois que les battans & traverfes de la porte , & on leur donne pour largeur le fixieme environ de celle de la porte. On pouffe un quarderon ou un bouement fur les rives ; on aura foin que les onglets foient faits proprement ; ces chambranles font très-agréables , quoique fimples.

Les chambranles ornés de moulure auront les mêmes dimenfions pour leur largeur , que les chambranles unis. A l'égard des épaiffeurs, ce font les profils qui les déterminent. On leur donne jufqu'à trois pouces , trois pouces & demi. Faites attention que les moulures foient élégies (1) dans l'épaiffeur du même bois , & non de plufieurs morceaux collés & rapportés les uns fur les autres , comme on le

---

(1) Formées, pratiquées.

voit souvent, car dans ce cas la valeur du chambranle diminue d'un cinquieme.

On met en général deux chambranles à chaque baie de porte, dont un de chaque côté d'épaisseur des murs ou cloisons, & l'espace entre deux se garnit d'embrasemens.

Des Embrasemens.

On en fait d'unis, on en fait d'assemblage. Les unis sont pour les tableaux qui n'ont pas grande épaisseur, ce qui arrive aux cloisons à claire-voie. Ces embrasemens alors sont faits avec du feuillet de $\frac{1}{4}$. d'épaisseur.

Les embrasemens d'assemblage sont pour l'ordinaire à bouement, ou au plus à petit cadre. C'est une partie des lambris, & je vous en entretiendrai.

Des Portes cocheres.

Les portes cocheres ont ordinairement huit pieds & demi ou neuf pieds de largeur entre tableau. Je ne vous parle pas de la hauteur, c'est une partie de décoration, & c'est la circonstance qui en décide. Dans les proportions de largeur que je viens de citer, les

battans & traverſes auront huit à neuf pouces ſur quatre d'épaiſſéur , les bâtis au-dedans
n'en auront que trois , les cadres quatre, &
les panneaux un pouce & demi. Telles ſont
les dimenſions générales des bois de porte
cochere. Elles doivent varier ſuivant les cir-
conſtances des plus grandes baies. Obſervez
cependant de ne pas rendre vos portes trop
lourdes par de trop fortes épaiſſeurs.

Des Croiſées.

On ne ſe ſert aujourd'hui que de deux
ſortes de croiſées , les croiſées à manſardes ,
& les croiſées à noix; encore ne fait-on ordinairement uſage que des dernieres , à moins
qu'on ne veuille épargner la dépenſe des ferrures; les couliſſes en effet y ſuppléent: mais
les avantages & les agrémens qu'on retire des
croiſées à noix doivent l'emporter ſur cette
foible conſidération. Ouvre-t-on ſa croiſée?
on a tout le volume d'air qui peut paſſer par
la baie, ainſi que toute la gaieté du jour. Plus
d'impoſte, plus de ces parties dormantes qui
jettent toujours un ton de triſteſſe dans les
appartemens. Je ne vous parlerai donc que

de ces dernieres; je vous obferverai même que depuis peu d'années on n'emploie plus que de grands carreaux de verre, de forte que chaque venteau d'une baie de quatre pieds, plus ou moins, n'a qu'un carreau fur la largeur. On a abandonné l'ufage d'y pratiquer deux carreaux; s'il s'en fait, ce n'eft que pour les endroits de fujétion ou de peu de conféquence. On a des verres de toute grandeur, & vous ferez attention, dans la divifion de vos carreaux, que la hauteur ait, au moins, un fixieme de plus que fa largeur. Vous aurez foin auffi que la mefure de vos verres ait toujours pour plus baffe divifion le demi-pouce, comme 15 pouces, 15 pouces & demi, 16 pouces, 16 pouces & demi, &c., & non 15 pouces 8 lignes, 15 pouces 10 lignes, 15 pouces 11 lignes, &c. C'eft une facilité pour le calcul, & moins de déchet & perte de verre pour vous. Cette opération de divifion fe fait d'autant plus aifément, que l'on met les bois plus ou moins larges, fuivant la quantité où l'on veut tendre. C'eft un foin qu'on doit exiger du Menuifier.

Les épaiffeurs des bois doivent être plus
fortes

fortes que celles des anciennes croifées, afin de donner plus de folidité aux affemblages; mais il y a, au moins, compenfation de quantité. En effet, les croifées font-elles plus grandes? Il faut plus d'épaiffeur; mais en même-temps il y a moins de traverfes, il n'y a pas de montans de petits bois, & la main-d'œuvre eft moins chargée. Mettez des équerres à chacun de vos venteaux, &, à moins que vous n'ayez de grandes croifées, je vous confeille de ne vous fervir que de fimples équerres: les doubles ont plus d'apparence, je l'avoue, mais l'avantage ne répond pas à la dépenfe.

Vous devez faire attention que tous les dormans de vos croifées foient avec côte, pour recevoir les guichets; dans tous les cas faites-les obferver. On met fouvent des volets à telle piece où on ne les croyoit pas néceffaires. Votre dormant au furplus n'en eft que plus fort. Obfervez encore de pofer vos croifées de maniere que, fi vous y mettez des volets ou guichets, ce qui eft la même chofe, ils puiffent, étant brifés, fe loger dans l'embrafement. Si vous mettez un chambranle, pour décorer intérieurement la piece, qu'il fasse recouvrement fur le volet, enforte que la partie brifée & apparente tienne lieu d'un embrafement en menuiferie.

Récommandez que les pieces d'appui de vos croifées, ainfi que les traverfes d'en-bas de chaque venteau, portent une mouchette fuffilante pour que les eaux ne rentrent pas dans votre appartement; ce qui n'arrive que trop fouvent par une négligence impardonnable.

Des Volets.

Les volets doivent être brifés, de maniere qu'ils puiffent fe loger dans la profondeur de l'embrafement de la croifée. Les battans auront un pouce & demi d'épaiffeur, les panneaux un pouce. Ils font à cadre des deux côtés, avec bouement élégi dans les battans.

Des Lambris.

Ce que je vous ai dit pour les portes d'affemblage peut s'appliquer aux lambris. Il y en a à bouemens, à petits cadres, à cadres embrevés. C'eft d'après vos deffins & les lieux que vous avez à décorer, que vous devez fixer les épaiſſeurs des bois. Je vous dirai en général qu'on peut faire des lambris à petits cadres, avec des bâtis d'un pouce & 15 lignes d'épaiſſeur, & des panneaux de demi-pouce. Quelquefois les panneaux ſe font avec moitié de bois de demi-pouce & moitié de trois quarts.

Si vos lambris ſont avec bâtis de bois d'un pouce & demi d'épaiſſeur, les panneaux ſeront d'un pouce ; mais vous obſerverez qu'on ne ſe ſert pour l'ordinaire de ces épaiſſeurs, que quand les lambris ſont à cadres embrevés.

On diſtingue deux ſortes de lambris, le lambris de hauteur, & le lambris d'appui. Le lambris de hauteur eſt vraiment celui qui ſe fait en toute la hauteur d'une piece. En effet, lorſque l'on fait deſcription d'une chambre ou d'une ſalle boiſée, ſuivant l'ancien terme, on dit une piece décorée de lambris de hauteur dans tout ſon pourtour. On nomme lambris d'appui celui que l'on met au-deſſous des tapiſſeries ou autres tentures. On le couronne ordinairement d'une cimaiſe, & on met un plinthe par le bas ; comme le lambris ne ſe fatigue

point, n'ayant aucun poids à ſupporter, on ſe
contente d'en faire les bâtis avec du bois d'un
pouce d'épaiſſeur, & pour les panneaux, de
demi-pouce. Les pilaſtres ſont à bouemens, &
les grands panneaux avec bâtis à petits cadres.

Des Planchers.

On fait des planchers en bois de ſapin, on
en fait en bois de chêne. Il y en a pour
leſquels on emploie les planches dans toute
leur largeur & à plat joint. Il y en a d'autres
qui ſont à rainures & languettes. Le bois de
chêne eſt le meilleur, ſur-tout pour les rez-
de-chauſſée, & on poſe tous les planchers ſur
des lambourdes de trois ou quatre pouces de
gros, en bois de chêne, qui ſont entretenues & accotées par des augets en maçonnerie qu'on fait entre deux.

Les planchers ſe font avec des bois d'un
pouce, & de 15, 18 & 21 lignes d'épaiſſeur,
quelquefois même de deux pouces. Ceux de
18 & 21 lignes d'épaiſſeur, qui ſont faits à rainures & languettes, & dont les planches ſont
de leur largeur portant 8 à 9 pouces, ſont
d'un bon uſage; mais ils entraînent avec eux

un grand inconvénient. Les planches frappées de l'humidité fe confinent, les rives s'élevent, & le milieu étant plus bas, on diroit que ce font des bois recreufés, on y marche diffici- lement : quelquefois par-deffous, pour obvier à cet inconvénient, dans le milieu de la plan- che, on donne un coup de bouvet, mais c'eft un moyen fort leger, on pourroit même dire fuperflu.

Le feul remede, c'eft de ne pas employer de planches entieres fur la largeur ; il con- vient les refendre, & alors c'eft ce qu'on ap- pelle *plancher en bois de frife.* Ils font d'un excellent fervice, étant faits avec foin.

Vous obferverez de ne pas pofer les plan- ches en droit fil, fuivant le paffage ; marchant fur la même planche, elle fe creuferoit. Il faut donc que les bois foient pofés paralléle- ment à l'ouverture de la baie d'entrée.

On fait auffi des planchers qu'on appelle en épi ou en point d'Hongrie. Les planches font refendues en deux, & n'ont que trois pieds de longueur. Leur réunion fe fait fur la diagonale du quarré ; de forte qu'en en- trant on voit des triangles, qui font d'autant plus de plaifir à la vue , qu'on a le foin d'en choifir les bois , & que la diagonale fe trouve au milieu de la porte. Le grand art eft de les faire jouer également à toutes les portes principales. C'eft fans difficulté le plancher qui peut rendre le plus de fervice. Il eft plus coûteux de 50 fols par toife que ceux de frife ; mais aufli étant bien pofé fur de bonnes lambourdes fcellées & entretenues par augets de maçonnerie, une voiture pafferoit deffus, qu'elle n'occafionneroit aucun effet.

Parquet.

Les Menuifiers ne peuvent apporter trop d'attention à faire de bon parquet ; c'eft un ouvrage qui ne fe pofe que dans les beaux appartemens. Il faut donc beaucoup de foin, une grande propreté & une folidité décidée. On n'aime pas à être dérangé fous prétexte de réparations.

Le bois d'un parquet doit être fec, & il faut qu'il ait été mis en feuille trois ou quatre ans avant l'emploi. Un Maître Menuifier intelligent s'en occupe pendant la morte faifon, & lorfqu'il n'a rien de mieux à faire, il emploie dans ce temps tous fes bouts de bois & fauffes coupes qu'il a fait mettre de côté, & il trouve l'avantage d'avoir les journées de compagnon à meilleur marché.

Le parquet fe fait par feuille de trois pieds un pouce, ou un pouce & demi tout équari. Les épaiffeurs varient, il y en a de trois fortes : on en fait de 15, 18 & 21 lignes d'épaiffeur, quelquefois même de deux pouces pour les bâtis ; les panneaux font en proportion. Les compartimens de la feuille font en lozange, le parquet fe pofe auffi en lozange ou échiquier. Souvent on l'emploie fans frife, quelquefois on en met, fuivant les cas, pour retrouver les enfilades. Les frifes s'affemblent & encadrent le parquet, on les met longues ou à pointe de diamans ; cette derniere façon eft la plus en ufage & la plus propre. Les lambourdes, fur lefquelles eft pofé le parquet, doivent être efpacées de 8 à 9 pouces d'entrevoux. Les groffeurs en font différentes, felon les endroits où elles font employées, ou fuivant les épaiffeurs de parquet qu'elles ont à porter. En général elles font de trois à quatre pouces de gros. Il faut obferver que les Menuifiers ne font pas exacts fur ces épaiffeurs : comme ils n'emploient dans cette partie que des bois de rebut , ils fe contentent fouvent d'un pouce & demi d'épaiffeur ; mais cela n'eft pas fuffifant , car la lambourde leur eft toujours évaluée comme bois de trois à quatre pouces de gros.

Je vous ai déjà dit que le parquet fe pofoit en diagonale, vous devez auffi faire attention que le milieu ou la pointe d'un rang de parquet réponde précifément au milieu des portes d'enfilade. Il faut tâcher d'en faire de même pour le milieu des manteaux de cheminée & pour celui des croifées , s'il eft poffible : le non-ufage ou l'emploi des frifes eft un moyen pour parvenir à donner cet agrément & ce degré de perfeaion. C'eft en partie ce qui a occafionné leur invention , ainfi que la facilité de fermer & de raffembler comme il faut tout le parquet.

L'attention pour la pofe , en conféquence des enfilades d'appartemens , eft effentielle ; elle annonce le foin qu'on a pris pour donner au tout le ton & l'harmonie qui conviennent à un bel appartement. Vous devez y faire réflexion avant d'arrêter vos plans.

Vous mettez un chassis de frise au pourtour du foyer, qui, pour l'ordinaire, est de 16 à 18 pouces de largeur ; du devant des jambages sur toute l'étendue de la face de la cheminée. Ce chassis est d'autant plus essentiel, qu'il rassemble les feuilles de parquet qui viennent s'y heurter. Les embrasemens des portes & des croisées seront avec compartiment de parquet fait exprès pour les places ; souvent aussi on fait des frises d'assemblage dans le pourtour des pieces.

Si vous avez une piece à décorer, & que vous vouliez que le plancher réponde à la magnificence des autres ornemens, vous pouvez faire un parquet à compartimens, dont vous ferez les dessins exprès ; mais je vous avertis que c'est un moyen de dépenser trois ou quatre fois plus que pour un parquet ordinaire. Je prends la liberté de vous faire cette observation, afin que vous ne me disiez point que je vous constitue en dépense, ainsi que toutes les personnes qui vous environnent. Souvenez-vous de ce que je vous ai dit sur les donneurs d'avis.

Parquets de Glace.

On fait des parquets de glace pour les che-
minées, pour les trumeaux, pour les derrie-
res d'armoires, ou de buffets, &c. On les
exécute en bois de chêne, ou en fapin. Ces
ouvrages font affemblés en compartimens de
bâtis & panneaux, fans aucune moulure, avec
des montans, diftans les uns des autres de 8
pouces ou environ, pour donner la largeur
de planche aux panneaux.

Si pour les retenir, fous prétexte qu'ils
peuvent fe déjetter & caffer les glaces qui fe-
roient pofées, on fcelle des tampons, on y
met des vis à écrou, de façon que ces parquets ou trumeaux ne puiffent fe dépofer fans
lever les glaces, alors ces mêmes parquets &
glaces font fujets à conteftations, ils deviennent immeubles, étant adhérents à la
maifon : au lieu, qu'en général les parquets & glaces font meubles, s'ils ne
font retenus qu'avec des pates ordinaires &
fans fcellement. C'eft encore une petite di-
greffion étrangere en quelque forte aux avis
que vous demandez : mais c'eft une obferva-
tion bonne à faifir. Il peut fe trouver des oc-

casions où on peut vous demander avis; il suffit que vous bâtissiez, pour que l'on vous consulte.

Des Cloisons.

On pratique des cloisons en bois de sapin, ainsi qu'en bois de chêne; on en fait à plat-joint, on en exécute à rainure & languette; cette derniere façon est la meilleure. On les retient les unes & les autres par des coulisses qu'on met par en-haut & par en-bas, qu'on attache, & que l'on fixe par différens scellemens, clous & pattes, ainsi que les poteaux d'huisserie, pour fermer & recevoir les portes.

Des Cloisons à claire-voie.

Les cloisons à claire-voie se forment avec des planches refendues en deux, & que l'on pose, tant plein que vuide. On les entretient par le haut & par le bas avec des coulisses, ainsi que les cloisons pleines.

Coulisses pour cloisons.

Les coulisses sont prises dans du bois de 3 & 4 pouces de gros. On y élegit une forte rainure de l'épaisseur des planches qui doivent y être placées ; on les scelle, & on les attache par les deux bouts avec des clous ou pattes. Prenez garde qu'au lieu de ces coulisses de poteau, on ne vous fournisse des tringles ou tasseaux attachés sur une planche avec des clous, vous auriez moins de solidité, & on vous les feroit payer comme coulisses de poteau, quoiqu'elles valent près de moitié moins.

Poteaux d'huisserie.

Ces poteaux doivent être bien dressés & corroyés. On fait d'un côté une feuillure ; & à l'autre parement, on pousse un quarderon. Si c'est pour les cloisons pleines, on fait une rainure, à l'effet de recevoir les planches ; & on se sert de bois de 3 à 4 pouces.

Si ce sont des cloisons à claire-voie, les poteaux doivent être de 3 & 5 pouces de gros, d'autant qu'on doit y élegir un tasseau, pour recevoir le bout des lattes & le plâtre, dont ces cloisons sont formées & enduites. Ne souffrez pas qu'on y rapporte un tasseau attaché avec clous ; le plâtre fait travailler le poteau ; on voit le jour entre l'un & l'autre : on éprouve des vents coulis, ce qui eſt fort déſagréable. Faites attention auſſi que vos poteaux ſoient d'un ſeul morceau, & non entés, comme on le fait ſouvent dans les grandes hauteurs, vous en ſentez la conſéquence.

Quand les cloiſons ont une grande étendue, on met des poteaux de diſtance en diſtance ; les couliſſes s'y aſſemblent, à tenon & à mor-taiſe ; & on doit avoir grand ſoin de faire élé-gir des taſſeaux ſur les deux côtés de ces mê-mes poteaux.

Lorſque les cloiſons à claire-voie ont plus de 6 à 7 pieds de hauteur, on met une barre dans le milieu, qui s'attache en queue d'hi-ronde ſur les poteaux, & à chaque planche on met un clou que l'on rive. C'eſt un moyen d'entretenir le dégauchiſſement de vos cloi-ſons, & de les empêcher de voiler, lorſ-qu'elles ſont recouvertes en plâtre.

Obſervation générale ſur la Menuiſerie neuve, & celle qui provient des démolitions.

Si votre ouvrage eſt fait avec de bon bois, s'il y a de la préciſion dans les aſſemblages, ſi vous y voyez regner la propreté, ſoyez ſatisfait, vous êtes bien ſervi : c'eſt à cela que ſe réduit toute la perfection de l'Art, il y faut apporter une attention des plus ſeveres. Je voudrois vous faire de pareilles obſervations, Monſieur, ſur l'emploi des ouvrages de Menuiſerie, provenant de vos démolitions ; mais je ne puis que vous donner des apperçus, & vous répéter, que ſi vous n'y prenez garde, vous ſerez ſurpris.

On ſe ſert de deux moyens pour faire rétablir la vieille Menuiſerie ; mais tous les deux ſouffrent les plus grands inconvéniens : je vous les ferai connoître le mieux qu'il me ſera poſſible ; & je m'eſtime heureux, ſi je puis vous perſuader qu'il vous ſeroit avantageux de vous débarraſſer de vos vieilles Menuiſeries, & de les vendre ſur

place , avant d'en faire les démolitions. Vous
y gagnerez , ſoyez-en ſur , au moins ne ſerez-
vous point dans le cas de vous gêner , & ſouvent d'aſſujettir votre plan pour des objets
qui n'en valent pas la peine. Entrons dans les
détails , vous allez reconnoître la vérité de
ma propoſition. En effet , pour faire le réta-
bliſſement de vos vieilles menuiſeries , il y a
deux moyens ; le premier , c'eſt de faire travailler chez vous à la journée. Cette maniere
d'opérer paroît ſimple ; & vous vous imagine-
rez , qu'en y veillant , on ne pourra vous en
impoſer ; vous êtes dans l'erreur. Soyez per-
ſuadé que , malgré votre attention , & en dé-
pit des ſoins que vous prendrez , on détruira
en votre préſence près d'une moitié de vos
démolitions. Lorſque vous voulez employer
vos bois , ici c'eſt un battant qu'il faut , là
un petit bois , une emboîture , une traverſe ,
&c. &c. On les prendra dans le premier objet qui ſe préſentera , ſans s'embarraſſer de
ce que deviendra le reſte. On les ſciera en
votre préſence , on en fait des bouts pour
ſervir : mais avez - vous le dos tourné ,
on les met dans un ſac , & on les emporte.

Le prétexte des copeaux est commode pour cette opération. Veillez-vous à cet expédient? Ils cherchent un autre moyen, & commettent un nouvel abus : les ruses ne leur coûtent rien, c'est le seul objet qui les occupe.

Le Maître Menuisier vous donne-t-il trois Compagnons pour travailler chez vous? il y glissera son Apprentif, & souvent un second Compagnon qui ne vaudra guere mieux. Estimez-vous heureux, si le troisieme s'y entend, & défiez-vous particulierement de ce troisieme; c'est pour l'ordinaire un homme qui ne s'occupe que de la Brocante (1), qui connoît, qui fait, & qui mettra en pratique toutes les rubriques pour vous tromper.

Autre observation. Vous payez les journées plus cher que le Maître; la chose est naturelle, il lui faut un bénéfice. Il a la fourniture des outils, des établis, de la colle : il est

_____

(1) On appelle Brocanteur tout compagnon Menuisier qui ne s'occupe que de réparations, & qui va en ville faire les corvées. En général il ne fait rien de neuf. Il y a plus, c'est qu'un bon Ouvrier n'est pas propre à la Brocante.

censé

cenſé veiller aux gens qu'il a donnés; mais on vous fera une demande de journées au prix courant du meilleur Compagnon des boutiques, ce qui fait une différence au moins de quinze ſols, & dix ſols de bénéfice, c'eſt vingt-cinq ſols par homme; l'Apprentif, qui ſouvent n'a nul ſçavoir, ſi ce n'eſt de perdre votre bois, paſſe au prix des autres. Faites-vous régler votre Mémoire? le mal ne ſe préſume point, on admet le prix des journées au courant du temps. Encore un Ouvrier qui va en ville, quitte-t-il l'attelier une heure plutôt, que lorſqu'il travaille chez ſon Maître; c'eſt un uſage établi, il n'y a rien à dire: par proviſion vous payez, & cependant vous devez tout calculer; les plus petits détails multipliés forment de groſſes ſommes.

Le ſecond moyen qui, ſans contredit, eſt le plus expédient, c'eſt de faire emporter votre vieille menuiſerie de démolition au chantier du Maître Menuiſier, pour y faire les reparations convenables & néceſſaires, en la donnant toutefois en compte, avec déſignation de la choſe, ſa dimeſion telle que longueur, largeur & qualité. Vous y gagnerez,

ne fût-ce que d'éviter la peine & l'embarras.
Vous aurez à payer la dépose, les voitures
de port & de transport, il y aura beaucoup
de choses brisées, & un grand nombre de
perdues. Les fournitures pour les réparations seront immenses : mais, malgré toutes
ces avaries, félicitez-vous si votre menuiserie
ne vous revient qu'à deux tiers de celle que
vous pourriez vous faire fournir neuve. Atten-
dez-vous encore, malgré cette dépense, qu'il
y aura bien des choses à désirer pour la perfection; car enfin l'ouvrage que vous aurez, ne
sera que rétabli; & souvent il ne conviendra
pas parfaitement à l'emploi que vous vous
proposez. Aussi vous avouerai-je franchement
que je n'ai jamais vu aucun avantage dans
l'ouvrage raccommodé. Il faut l'avouer cependant, il est des parties de lambris, des portes,
des chambranles, qui font exception : mais
dans ce cas usez de précaution; donnez-les en
compte au Maitre Menuisier, ainsi que je
vous l'ai dit; exigez un récépissé, par lequel
il reconnoisse en bon état tels & tels objets que
vous détaillerez par leurs noms & dimensions.
    Tout ce qui sera douteux pour le service;

vendez-le fur place. Tel prix qu'on puiffe vous en donner, terminez, c'eft de l'argent trouvé. Autrement, foyez perfuadé que vos démolitions mifes en magafin, fe réduiront à ne vous avoir caufé que de l'embarras.

Je termine en vous réfumant ce que je viens de dire.

1°. Si vous vous confervez différentes parties de menuiferie, il en faut faire l'état avant de démolir; faites vos détails fur place, prenez votre reçu; du refte laiffez faire votre Menuifier; & foyez content d'avoir évité le labyrinthe dans lequel vous vous feriez égaré.

2°. Faites-en de même pour ce que vous vendrez fur place. La vente faite, ne vous en mêlez plus, & exigez qu'on enleve le tout fous un efpace de temps prefcrit. Agiffez fuivant les conditions de votre marché, mais ne garantiffez rien.

Je fuis, &c.

LETTRE XXXIII.

DE LA PEINTURE D'IMPRESSION.

1. *De la Peinture d'impreſſion.* 2. *De la Peinture d'impreſſion à l'huile.* 3. *De la Peinture à l'huile polie &* vernie. 4. *De la Détrempe en général.* 5. *De la Détrempe* commune. 6. *De la Détrempe* vernie *qu'on appelle* Chipolin. 7. *De la détrempe au blanc de Roi.*

SI je ne vous ai pas écrit l'ordinaire dernier, c'eſt que j'ai voulu vous laiſſer le temps de lire la Lettre que je vous ai envoyée. Avouez, Monſieur, qu'elle étoit longue, mais que je ne pouvois vous en dire moins, voulant vous mettre au fait de ce qui concerne la Menuiſerie. Au ſurplus, vous voulez que j'entre dans tous les détails; c'eſt donc votre faute, ſi la lecture de mes Lettres devient pour vous un travail, puisqu'elles font une occafion d'étude & de réflexion. Quant à moi, je fuis fatisfait fi je remplis vos vues. Je vous avoue-rai cependant que je cherche à être le plus fuccint qu'il m'eft poffible. Auffi, quoique j'aie à vous entretenir aujourd'hui de la Pein-ture, ne vous parlerai-je que de la Pein-ture d'impreffion, & non pas de cet Art di-vin, qui femble animer la toile, & fixer nos yeux étonnés par la magie du pinceau & des couleurs. Mon projet n'eft pas fi ambitieux; je laiffe aux *Dufrefnoi*, aux *Marfy*, aux *Watelet* & aux *le Miere* (1), l'avantage pré-cieux de pénétrer dans les fecrets fublimes de cet Art : les beaux Poëmes qu'ils en ont fait doivent intimider l'efprit le plus pénétrant. Je me contenterai de me fixer à une des bran-ches, qui n'eft, à proprement parler, que la partie la plus mécanique de cet Art. Je m'ar-rête à la Peinture d'impreffion. Je le dois,

---

(2) C. A. Dufrefnoi *de Arte graphicâ*, traduit en françois par de Piles.

F. Marfy, ci-devant Jéfuite *Pictura Carmen*.

M. Watelet, l'Art de peindre, Poëme.

M. le Miere, la Peinture, Poëme.

C 3

vous m'avez chargé de vous inftruire fur la Bâtiffe & fes acceffoires. Quand on conftruit, ce n'eft pas ordinairement par l'acquifition de magnifiques tableaux que l'on débute. Il n'eft pas même aifé à tout le monde d'en avoir, mais chacun doit défirer & rechercher la propreté. On la trouve dans la Peinture d'impreffion : on y rencontre cette gaieté des appartemens, fi précieufe à nos fenfations, & en même temps plus néceffaire qu'on ne penfe pour la fanté. Auffi jamais la Peinture d'impreffion n'a-t-elle été en vogue, comme elle l'eft aujourd'hui. Elle convient à tout le monde ; les dépenfes n'en font pas exceffives, fi l'on fçait fe réduire à l'honnête néceffaire; c'eft un champ agréable qui fe préfente : pourquoi, après avoir compté avec foi-même, ne s'y donneroit-on pas carriere ; c'eft une aifance de plus ; nouvelles couleurs, nouvelles jouiffances. A ces réflexions je vous vois fourire ; voilà le génie François, me dites-vous ? Cela eft vrai, Monfieur ; hé bien ! quel malheur ? Pourquoi en rougirions-nous ? Pourquoi ne pas fe prêter à cette vivacité, qui ne peut fe contraindre ? Pourquoi refter daas un état d'inertie & de langueur. Mais la discussion devient métaphysique; je la quitte, & je me contente de donner seulement la définition de la Peinture d'impression.

La Peinture d'impression est l'Art de coucher à plat les couleurs sur des murs, sur de la menuiserie, sur des plafonds, &c. Peu importe la couleur ou le nombre des couches.

On distingue la Peinture en huile & la Peinture en détrempe.

La premiere est celle dont les couleurs sont broyées avec de l'huile.

La seconde a pour tout amalgame de ses couleurs, la colle & l'eau. Elle ne porte aucune odeur, étant employée & séchée. L'huile, à la vérité, soutient long-temps une odeur forte & désagréable, que bien des personnes ne peuvent supporter; mais aussi dure-t-elle beaucoup plus que la détrempe. Les bois nourris par l'huile s'entretiennent mieux, & sont moins sujets à se déjetter. Résumons, si vous voulez faire vernir vos ouvrages, la détrempe a beaucoup plus de brillant. Point d'odeur, mais c'est une dépense, d'un autre côté si vous bâtissez à neuf, comme vous le faites, votre choix doit tomber fur l'huile, l'avantage en eft certain, les bois l'exigent, l'humide d'une nouvelle bâtiffe en décide.

De la Peinture d'impreffion à l'huile.

Ce n'eft que depuis le commencement du quatorzieme fiecle, que l'on eft dans l'ufage de la peinture en huile ; les anciens l'igno-roient. Nous le devons à *Jean Vaneyck*, connu fous le nom de *Jean de Bruges*, Pein-tre Flamand. Ce genre de peindre eft le plus certain, & le feul propre à ce qui eft expofé à l'air ; on l'applique indifféremment fur tous les corps, la pierre, le plâtre, le bois, la toile, & généralement fur tous les métaux.

On en diftingue de deux genres. La Peinture à l'huile fimple, & la peinture à l'huile polie.

La premiere eft celle dont on fe fert com-munément. C'eft même la feule, à moins que dans quelques appartemens, on ne défire un décore particulier & brillant.

De la Peinture à l'huile.

Vos ouvrages font-ils expofés à l'air ? Ayez attention qu'on les faffe à l'huile pure, recommandez qu'on n'y mette pas d'effence, elle rendroit vos couleurs bifes, & les feroit tomber en poussiere.

L'huile de noix est préférable à celle de lin ; elle a plus de corps. L'huile de lin employée feule, s'évapore ; la couleur devient blanche & farineufe, comme fi l'on eût employé de la détrempe.

On peut auffi fe fervir de l'huile d'œillet, fi les teintes font claires, telles que le blanc, le gris, &c. Si elles font fombres, comme la couleur maron, l'olive, le brun, l'huile de lin s'y foutiendra, y fût-elle emplovée pure.

Obfervez encore, que fi vous vous fervez d'huiles de noix ou d'œillet, il faut, pour les rendre ficcatives, mettre un gros de *couperofe blanche*, ou de vitriol calciné, par chaque livre d'huile ; plus d'un gros feroit gerfer les couleurs : c'eft un fel ; il attire l'humidité. Que votre couperofe au furplus foit choifie en gros morceaux bien blancs, nets, purs, reffemblans à du fucre en pain.

Employez-vous de l'huile de lin ? il faut la dégraiffer, en y mettant une demie once de litarge par livre d'huile.

Ne fouffrez pas qu'on fe ferve d'huile d'o-
live; les couleurs en refteroient toujours ternes,
onctueufes, cette huile ne peut fe dégraiffer.

Voulez - vous favoir fi vos couleurs font
détrempées à l'huile pure, examinez la broffe
en fortant du pot, la couleur ne la doit pas
quitter ni même filer. Si elle eft coupée d'effence, il n'en fera pas de même.

On ne doit jamais fe fervir de gros blanc,
ou blanc d'efpagne broyé à l'huile, il fait de
très-mauvais ouvrage, il faut le réferver pour
les détrempes ; le blanc de cérufe eft le feul
dans ce genre.

Emploie-t-on du *molleton*, c'eft ainfi qu'on
appelle le gros blanc broyé à l'huile, vous
vous en appercevrez aifément, fi, après avoir
mouillé votre doigt avec de la falive, vous
le paffez fur l'ouvrage, en traînant par le bas;
bientôt la couleur fe détache, & fuit votre
doigt, comme un rouleau de ruban.

L'huile de lin eft la meilleure, pour être
employée en huile bouillante, ce qui fe pratique derriere des lambris & fur des murailles,
où l'on peut craindre l'humidité. C'eft un
moyen pour imbiber, pénétrer les pores,

& ne pas laiffer d'accès aux différens fels de falpêtre & de nître qui décompofent en général tous les corps. Au furplus, l'huile bouillante ne fert que dans ces cas; car toutes les couches de couleurs qu'on applique, doivent être données à froid.

Dans les Bâtimens ordinaires, deux couches de couleur fuffifent en général, quand elles font bien données. La troifieme eft furabondante, & ne fait qu'augmenter le prix; en furveillant vous y obvierez : mais pour cet effet, fous quelque prétexte que ce foit, ne laiffez donner aucune couche, que l'ouvrage ne foit pofé ; autrement cette premiere eft perdue. Avertiffez-en votre Peintre, afin qu'il s'arrange en conféquence. Faites-en une des conditions de votre devis.

Peinture à l'huile, vernie, polie.

On fe fert de cette peinture, lorfqu'on veut faire quelque chofe de précieux, fufceptible de décore, & lorfqu'on ne craint pas la dépenfe. Pour opérer, il faut beaucoup de temps ; il y a une grande confommation de marchandifes. On donne d'abord fept à huit couches de blanc de céruse à l'huile, pour faire un fond poli; c'est ce qu'on appelle la *teinte dure*. La céruse qu'on emploie, ne doit pas être trop calcinée, afin qu'elle ne pousse pas les couleurs. Cette operation faite, on adoucit avec la pierre-ponce, & on polit avec un tampon de serge qu'on trempe dans l'eau, & qu'on soupoudre de ponce passé au tamis de soie. On lave à mesure avec une éponge, pour connoître si on adoucit également; l'eau ne peut rien gâter dans cette opération : aussi lavez souvent, & voyez votre adouci; confidérez s'il ne forme pas d'onde, s'il est uni, s'il est bien égal.

L'adouci étant terminé, donnez trois ou quatre nouvelles couches de la teinte que vous désirez soit, bien broyée à l'huile & détrempée à l'essence. L'huile rend toujours les couleurs un peu épaisses, l'essence les rend coulantes & faciles à étendre. Au surplus, vous ne pouvez apporter trop de soin à ce que la couleur soit bien étendue, bien tirée, bien égale. Lorsqu'elle sera bien seche, vous couvrirez le tout de deux ou trois couches de vernis blanc, à l'esprit de vin.

Défirez-vous la plus grande perfection ? Po-
liffez encore par - deffus ce vernis avec de la
ferge , de la pierre-ponce & de l'eau , comme
la premiere fois ; & l'opération faite , remettez deux couche de vernis.

Nombre d'Ouvriers fe fervent de morceaux
de chapeaux , en place de ferge ; mais cette
pratique a fon inconvénient. Le chap au fe
déteint toujours , la teinte en peut être fati-
guée , & perdre de fa pureté.

De la Détrempe.

La peinture en détrempe ne peut fouffrir
d'être appliquée fur aucun corps gras ; elle
tache & fe détruit. Elle n'eft belle , qu'autant
qu'elle eft fur un corps fec , uni & bien égal.
La premiere couche doit toujours être en
blanc , les couleurs s'en foutiennent mieux ,
d'autant qu'elles empruntent toujours un peu
du fond. Elles doivent d'ailleurs être bien détrempée avec de bonne colle , les couches en
être appliquée fort chaude , & la derniere
feulement à froid.

De la Colle.

La colle fait la bafe de la peinture en détrempe; il eft à propos que vous en connoif-
fiez les qualités, les défauts & l'emploi.

On emploie différentes fortes de colle,
telles que celle de gants, celle de parchemin, ou à leur défaut, de la colle forte. On
pourroit auffi employer la colle de poiffon;
mais elle eft fort chere, & ne vaudroit pas, à
beaucoup près celle de parchemin.

La colle de gants, qui eft la plus commune,
& dont on fe fert pour faire les détrempes
qu'on ne veut pas vernir, fe fait avec des rognures de peau de mouton, qu'on fait bouillir
dans de l'eau, pendant trois ou quatre heures.

La colle de parchemin, qui fert aux ouvrages qu'on veut vernir, ainfi que pour la do-
rure, eft faite de rognures de parchemin neuf
qu'on fait bouillir dans de l'eau. Quand elle eft
froide, elle fe réduit en confiftance de gelée.
Pour la couper & l'affoiblir; on lui donne plus
ou moins d'eau, felon le degré de fluidité que
l'on défire.

Voulez-vous conferver votre colle, il faut

la mettre dans des vafes de terre verniffés,
& dans un endroit frais, où il n'y ait pas de
mauvaifes exhalaifons ; elle tourne dans les
temps d'orage.

Les encollages que l'on fait pour recevoir
les blancs, & qui s'appliquent fur le bois,
avant aucune couche de blanc, doivent être
employés bouillans. Ceux qu'on applique fur
les couleurs avant que de mettre les vernis,
comme je vous le dirai, doivent être froids,
figés & en confiftance d'une gelée fort limpide, que vous coupez & affoibliffez au
moyen de l'eau, felon la denfité que vous
pouvez defirer.

Après ce détail un peu long, mais qui cependant devenoit néceffaire, je vous dirai
qu'il y a quatre fortes de détrempe.

1°. La détrempe *commune.*

2°. La détrempe *vernie.*

3°. La détrempe *vernie-polie,* qu'on appelle *Chipolin.*

4°. La détrempe en *blanc de Roi.*

De la détrempe commune.

La détrempe ordinaire fe fait avec de gros

blanc écrafé, dont on *fature* la quantité d'eau néceſſaire pour l'ouvrage, & afin que le blanc ne jauniſſe point, on y mêle du noir de fumée ou du charbon infuſé féparément : il vaut mieux que votre blanc ſoit bleuâtre qu'autrement. Dans cette teinte qui pour l'ordinaire, ſe fait dans un baquet, jettez de la colle d'une bonne force, chaude, & ſuffiſamment épaiſſe. Broyez bien le tout enſemble ; mais ménagez la colle, ſuivant les endroits où le blanc doit être employé. Il en faut peu pour les plafonds & pour les autres parties qui ne ſont qu'expoſées à la vue ; les endroits ſujets aux frottemens en exigent davantage. Au ſurplus, faites-y attention, ſi vous mettez trop de colle la couleur s'écaillera, ſi vous n'en mettez pas aſſez, elle s'effacera, devenant en pouſſiere & s'attachant aux paſſans. Il eſt un terme en tout. La prudence, en ce cas, & l'expérience doivent ſervir de guide.

Plafonds.

Aux plafonds neufs on appliquera deux couches de blanc, ſans autres apprêts ; mais les vieux plafonds doivent être préparés

par

par plufieurs couches de chaux éteinte & claire, jufqu'à ce que le roux foit mangé.

Vous mettrez, pour les plâtres neufs, un fixieme de plus de colle que pour les vieux.

Avez-vous des lambris, des murs à peindre? Défirez-vous une autre couleur que le blanc? Après en avoir appliqué deux couches, prenez la couleur que vous voulez, faites-la infufer dans de l'eau, broyez-la bien avec votre blanc, donnez la teinte défirée, & employez-la auffi en deux couches, une feule feroit trop peu, à moins que ce ne fût une couleur brune; mais alors vous la mettriez plus épaiffe. Le nombre des couches fixe la dépenfe; il faut plus de matiere & plus de temps.

Badigeon.

Le badigeon eft la couleur de pierre qu'on donne aux Bâtimens, lorfqu'ils ne font qu'en ravalement de plâtre, ou bien lorfqu'on les reblanchit étant vieux, ainfi qu'on le fait même dans l'intérieur des Eglifes. Ce font aujourd'hui des Italiens qui font cette opération, & ils s'en acquittent avec une adreffe

unique. Ils font en l'air fur une échelle fuf-
pendue par un cordage, ils avancent, ils re-
culent, ils s'élancent, ce font de vrais vol-
tigeurs. Il faut les voir pour le croire. On a
peine à s'imaginer comment ils peuvent s'y
tenir, & qu'il n'arrive pas plus d'accidens.
Laiffons cet article, & difons que, fi vous
voulez un beau badigeon, il faut faire bouillir
dans un fceau d'eau une livre d'alun, & jetter
cette eau fur un minot de chaux éteinte que
vous aurez dans un baquet. Pour lui donner la couleur de pierre, vous y joindrez de
l'*ocre de rue*, en obfervant de faire affez de
teinte, pour que la couleur du Bâtiment foit
égale. Si le Bâtiment eft trop noir par fon
ancienneté, faites-y paffer une couche ou
deux d'eau de chaux, vous en abforberez
par ce moyen le roux, & il ne percera pas
à travers votre badigeon.

Contrecœur de Cheminée.

Les contrecœurs de cheminée fe feront
avec moitié de gros blanc & moitié de noir,
détrempés à la colle.

Plaque de Cheminée.

Nétoyez bien vos plaques , enlevez-en la rouille & la poussiere , frottez-les ensuite avec de la mine de plomb pilée en poudre & mise avec du vinaigre ; cette teinte appliquée , prenez d'autre mine de plomb seche & en poudre , frottez-en avec une brosse vos plaques , jusqu'à ce qu'elles deviennent belles & luisantes. Par ce moyen chez les Marchands il n'y a pas de vieilles plaques , & toutes celles que vous aurez dans vos démolitions vous les rendrez neuves.

Ce sont de petits moyens sur lesquels il ne faut pas trop m'appésantir. L'expérience vous en apprendra encore bien d'autres. Contentons-nous pour le moment de la détrempe vernie. L'opération est intéressante.

De la Détrempe vernie.

Vous devez commencer par encoller les corps sur lesquels vous voulez employer votre détrempe. A cet effet , prenez de la colle préparée , comme il convient , mettez-la au feu , & lorsqu'elle sera bouillante , appliquez-en une couche le plus également qu'il vous fera possible. Il faut que la place en soit bien embue. Cette opération faite & votre ouvrage séché, (1) mettez trois ou quatre couches de blanc avec bonne colle, mettez-en même cinq à six & plus, suivant la beauté & le genre d'ouvrage que vous voudrez; mais observez que chaque couche se paie à cause du temps & de la marchandise. Il faut, à-peu-près, une heure d'une couche à l'autre, pour qu'elles soient séches. Cela dépend cependant de la température & de la saison. Vos couches étant séches, passez la pierreponce aux endroits qui pourroient être graveleux ou peu unis, adoucissez le tout avec des morceaux de serge & de linge, étendez ensuite la teinte de couleur que vous désirez, & que vous aurez préparée, mettez-en deux couches. Revoyez l'ouvrage, & faites atten-

---

(1) *Nota.* On ne coule pas la brosse pour mettre les couches de détrempe, on tape l'ouvrage, les couleurs s'en lient & s'en incorporent mieux : autrement elles s'écaillent & se gercent. C'est une observation d'autant plus nécessaire, que vos Ouvriers, qui ne demandent qu'à *aller à la diligence* lorsqu'ils sont à la toise, pourroient vous en imposer.

tion, fi vous voulez du beau, qu'il n'y ait aucun défaut, tels que des vergétures, de petites bubes, des taches, enfin, c'est le temps de les corriger. Cet examen fait avec le plus grand soin, il faut encoller l'ouvrage, c'est de cette opération que dépend la beauté. Si elle est mal faite, elle empêche que le vernis ne fasse fortir les couleurs, le vernis même les noircit, s'il pénetre plus dans un endroit que dans l'autre. Vous ne pouvez donc apporter trop d'attention à appliquer votre colle le plus également & le plus légérement qu'il vous fera possible, pour ne pas attaquer la teinte qui est au-desfous. Vous feriez des ondes qui tacheroient le panneau, si vous passiez trop fouvent fur le même endroit. Ayez grand foin de ne pas engorger vos moulures par la colle, on ne le voit que trop fouvent, la colle s'y arrêtant par le frottement & la pression de la brosse. Vous devez, au surplus, employer votre colle à froid, elle doit être foible, belle, claire & tranfparente.

Mais, encore une fois, voyez s'il n'y a pas de tache, ou quelques nuances différentes. Dans ce cas vous pouvez y remédier avec un peu d'adreſſe & de l'eau pure.

Le tout eſt il au point que vous déſirez? Etes-vous content ? Mettez deux ou trois couches de vernis à l'eſprit-de-vin.

Je ſuis , &c.

LETTRE XXXIV.

1. De la Détrempe vernie & polie appellée Chipolin. 2. De la maniere d'encoller. 3. De celle d'appliquer le vernis, ſoit pour la peinture d'impreſſion à l'huile, ſoit en détrempe. 4. Des couleurs en général. 5. Des moyens de former des teintes de toutes les couleurs, de les broyer, détremper & mélanger. 6. Du blanc de Roi. 7. Avis pour ſe garantir de bien des erreurs.

Vos reproches ſont flatteurs , & j'en ſuis tout glorieux; vous me dites que j'aurois dû finir ma Lettre ſur la peinture d'impreſſion. Cela eſt vrai; ſi je n'euſſe pas craint de vous

ennuyer. Aujourd'hui je connois votre goût
infatigable, votre courage excite le mien. Je
prends la plume, & je commence, en vous
réitérant que, dans la peinture d'impreſſion,
les différens degrés de beauté ſont en raiſon
des peines, du tralail, & conséquemment
de la dépenſe. Les préparations néceſſaires
pour la perfection de l'ouvrage entraînent les
ſoins les plus grands & le choix le plus exact
dans les marchandiſes. Vous me citez le ca-
binet de Mademoiſelle ***; vous me demandez les renſeignemens ſur les procédés dont
on s'eſt ſervi pour le peindre; vous avez raiſon ſi vous ne craignez point la dépenſe. Rien
n'eſt ſi magnifique, c'eſt le chef-d'œuvre de la
peinture d'impreſſion. Son brillant, ſa fraîcheur égalent la beauté de la porcelaine. Vous
me dites qu'on peut entrer en jouiſſance le
premier jour que l'ouvrage eſt fini, qu'il ne
porte aucune odeur, c'eſt une vérité. Vous
ajoutez que cet avantage eſt inappréciable,
que je peux vous le procurer, & que vous ſa-
vez à quoi vous en tenir. Je m'eſtime heureux,
Monſieur, d'avoir pu vous faire atteindre à
ce but. Auſſi, ſans autre préambule, je dé-
voile les myſteres.   D 4

De la Détrempe vernie, polie, appellée Chipolin.

Commencez par faire dégraisser votre bois, sans quoi vous ne ferez rien de bien. Pour y parvenir, prenez trois têtes d'ail, une poignée de feuilles d'absinthe, & faites-les bouillir dans trois chopines d'eau réduites à une pinte. Joignez-y une demi-poignée de sel ordinaire ; passez ce jus à travers un linge, mêlez-le avec une chopine de bonne colle de parchemin, mettez le tout sur le feu, & de cette liqueur bouillante imbibez toutes les parties qui doivent être peintes, les parties sculptées comme les unies; que la couche soit bien unie, égale, la moindre plus épaisse dans un endroit que dans l'autre formeroit onde & gâteroit l'ouvrage.

Cet encolage prépare les pores du bois, afin que les couleurs puissent les pénétrer. Pour l'appliquer comme il faut, servez-vous d'une brosse courte & en partie usée, de poil de sanglier que vous aurez bien fait nétoyer.

Vous sentez que j'ai pris une quantité con-

nue pour une premiere dofe ; d'autant que ,
ce principe établi , vous en pouvez faire plus
ou moins , fuivant l'étendue de l'ouvrage ,
cette dofe étant , à-peu-près , pour une toife
fuperficielle.

Mais revenons , & difons que cette opération faite avec le plus grand foin , il faut
reprendre une pinte de belle colle de parchemin en gelée , à laquelle vous joindrez
un demi-feptier d'eau que vous ferez bien
chauffer ; laiffez-y infufer pendant une demi-
heure deux poignées de blanc tamifé ; remuez le tout avec la broffe , donnez-en une
feule couche très-chaude , mais non bouillante , en tapant également & réguliérement.
Dans ce genre de peinture , ne coulez jamais
la broffe pour mettre les couches , (c'eft
d'ailleurs une loi générale pour la peinture
d'impreffion) , tapez l'ouvrage , les parties
s'en lient & s'en incorporent mieux ; autrement elles font fujettes à s'écailler & fe ger-
cer : d'ailleurs on engorgeroit les moulures
& fculptures.

C'eft ce fecond encolage qui doit recevoir
les blancs d'apprêts.

Pour le premier apprêt , faites infuser du gros blanc , bien pulvérifé & tamifé , dans de la colle de parchemin un peu forte : pour répandre le blanc dans cette colle, foupoudrez-le légerement, lorfqu'elle fera très-chaude, & mettez-en un doigt d'épaiffeur environ. Remettez le tout au feu , après l'avoir couvert. Entretenez une légere chaleur pendant l'efpace de trois quarts d'heure. Ayez foin de bien remuer le tout avec la broffe , pour diffiper les grumeleaux , & quand l'amalgame fera complet, fervez-vous-en. Ayez grande attention que cette couche foit tapée finement & également , comme l'encolage ; car fi vous la mettez trop épaiffe, l'ouvrage fera fujet à bouillonner.

Donnez fept à huit couches de cet apprêt, & même davantage, fi l'ouvrage & la défectuofité des bois ou feulptures l'exigent.

Faites attention à chaque couche que vous donnerez , qu'elle foit égale, tant pour la force de la colle , que pour la quantité de blanc. Si une couche où la colle feroit foible, en recevoit une feconde d'une colle plus forte, l'ouvrage tomberoit par écailles. Ne faites pas bouillir votre colle, la grande chaleur la rend graffe; confervez une bonne tiédeur : autrement la couche que vous mettriez dégarniroit celle de deffous. Obfervez cependant de donner une ou deux couches de plus aux parties qui doivent être adoucies, mais toujours à colle & blanc égal; c'eft ce qu'on appelle apprêter le blanc. Il faut près d'une heure de la mife d'une couche à l'autre, pour qu'elle foit féche. Cela dépend au furplus de la faifon. Dans cet intervalle, je vous l'ai déjà dit, abattez les boffes, bouchez les trous avec du maftic fait de gros blanc & de colle; paffez légerement la pierre-ponce fur tous ces endroits, lorfqu'ils feront fecs. Servez-vous de la peau de chien-de-mer, pour ôter les barbes du bois, & toutes les parties qui nuiroient à l'adouciffage.

Lorfque vous en ferez à la derniere couche de blanc, ayez grand foin qu'elle foit plus claire que les autres. A cet effet, mettez-y un peu plus d'eau, qu'elle foit appliquée légerement; & en adouciffant avec la broffe, comme quand on imprime, tirez une teinte égale, fans revenir à deux fois par-deffus;

autrement vous affecteriez la couche de
deſſous. Ne ſouffrez pas de bavure le long
des moulures, paſſez-y de petites broſſes
pour les dégorger. Faites en ſorte qu'il n'y
reſte qu'une égale épaiſſeur de blanc. Vos
moulures & vos ornemens doivent être taillés
& paroître auſſi nets, que lorſqu'ils ſont ſor-
tis de la main du Menuiſier ou du Sculpteur.

Toutes vos couches de blanc étant miſes
& apprêtées, votre ouvrage bien ſec, vous
vous préparerez à adoucir ; vous unirez &
dreſſerez ſur des carreaux, ou ſur des pavés
de grais, des pierres-ponces pour polir le milieu de vos panneaux, ainſi que les parties
lices. Vous aurez auſſi de petits bâtons de
bois blancs, que vous affilerez ſuivant les endroits où vous aurez à les faire paſſer pour
adoucir. Votre proviſion faite, il faut opérer.

La chaleur eſt contraire à cet ouvrage ;
prenez donc de l'eau très-fraîche ; trempez-y
une broſſe fort douce, & qui ait déjà ſervi ;
mouillez, partie par partie, ce que vous voudrez adoucir : autrement vous détremperiez
les couches de deſſous, & gâteriez l'ouvrage.
Paſſez la pierre-ponce ou vos petits bâtons,

suivant le cas, sur ce que vous aurez mouillé ; adouciffez fans trop enlever du fond, lavez à mesure avec une broffe & de l'eau fraîche ; paffez même un linge neuf, ou un morceau de flanelle, pour donner le liffe & l'adouci néceffaires.

Attaquez enfuite vos moulures, vos ornemens, réparez & degorgez-les avec un fer qu'on appelle *fer à retonde* ; ayez foin de les laver à mesure, avec une broffe, & adouciffez-les avec un morceau de linge, comme vous avez fait les fonds.

Examinez fi le tout eft bien dreffé, s'il eft fans rayure ou petite bube, s'il eft d'un beau poli & adouci. Alors faites la teinte de la couleur que vous voulez appliquer, détrempez-la avec de bonne colle de parchemin, paffez-la dans un tamis de foie très-fin, & vous vous en fervirez, en adouciffant fur votre ouvrage, & la pofant úniment fans trop le fatiguer en repaffant à plufieurs fois. La première couche étant féche, donnez-en une feconde avec le plus grand foin.

Cette opération faite, prenez de la colle de parchemin, qui foit belle, bien claire, &

bien limpide; mettez-y de l'eau pour qu'elle
foit légere; & après l'avoir battue à froid, &
paffée au tamis, vous en donnerez deux couches avec la plus grande attention, pour
qu'elles foient bien unies, mifes également,
& que les moulures n'en foient pas engor-
gées. Apportez vos foins pour qu'elles foient
appliquées légerement, fans revenir à deux
fois fur le même endroit, de peur de détremper les couleurs du fond, & de faire des ondes qui tacheroient le panneau.

Votre encolage enfin étant bien fait &
égal, appliquez fur tout l'ouvrage deux ou
trois couches de vernis à l'efprit de vin : mais
alors faites du feu dans la piece où vous opé-
rez; que l'air y foit chaud, afin que le vernis
puiffe couler aifément. Il aime une chaleur
douce & modérée. Auffi-tôt qu'il la fent, on
voit difparoître les glacis de la broffe, les
ondes & les côtes fe diffiper. De lui-même il
s'étend & fe polit : cette couche redoute le
froid; fi elle en eft faifie, elle blanchit, forme
des grumeleaux qui lui ôtent fon liffe & fa
beauté : la trop grande chaleur ne lui eft pas
moins contraire; elle le fait bouillonner; fe

peloter , & le rend inégal fur toute la furface.

Eft modus in rebus, comme dit le bon-homme Horace. Il n'en eft pas de même du vernis gras. Il demande une chaleur beau-coup plus forte ; il fubiroit aifément celle d'un four très-échauffé. On préfente en effet à l'ouvrage un réchaud de doreur, que l'on promene pour échauffer le vernis ; en été on l'expofe, autant qu'il eft poffible, à la plus grande ardeur du foleil.

Ce dernier en général eft pour les voi-tures, les meubles, ou autres parties fujeres à être expofées aux intempéries de l'air.

Nous reviendrons fur cet article : paffons aux vernis , à la maniere de les appliquer ; & nous verrons enfuite les moyens de former les teintes de toutes les couleurs poffibles.

Des Vernis.

Il y a trois fortes de vernis ; l'objet & l'en-droit décident du choix.

1°. Le corps qui doit être verni, eft-il expofé aux injures du tems ? Il faut un vernis gras. Nous l'avons dit.

2°. Est-il renfermé, soigné & conservé dans l'intérieur ? on emploie un vernis à l'esprit de vin.

3°. C'est le vernis à l'essence qui sert à détremper les couleurs, lorsqu'on les emploie au vernis.

Vernis gras.

Sur une livre & demie d'huile de lin, cuite & dégraissée, jettez une livre de *copal* que vous aurez fait fondre; joignez-y quatre onces de *sandaraque* bien choisi, nettoyé & lavé, deux onces *d'arcançon* que vous aurez aussi fait fondre, chacun à part. Mettez le tout dans un pot de terre vernissé, garni de son couvercle; exposez-le au feu nu sur des charbons ardens qui ne flambent pas, de peur d'embrâser les matieres; remuez bien toute cette composition; & quand vous verrez que les parties seront bien mélangées, retirez-le du feu; & la grande chaleur étant appaisée, incorporez-y, en remuant toujours, une livre de *térébenthine de Venise*; il y en a qui vient de Bordeaux, qui coûte beaucoup moins, mais qui est tout-à-fait inférieure en

qualité

qualité. Paffez le tout par un linge & le confervez. Il deviendra d'autant meilleur, qu'il
aura plus de temps à fe clarifier.

Vernis à l'efprit-de-vin.

Dans une pinte d'efprit-de-vin mettez une
demi-livre de fandaraque, deux onces de
gomme-laque plate, quatre onces *d'arcançon
ou colophone.* Faites fondre le tout au bain-
marie. Quand la matiere a fait quelques bouillons, & qu'avec la fpatule on n'éprouve aucune réfiftance, que le tout vous paroît un
vrai fluide, incorporez-y quatre onces de *térébenthine de Venife*, que vous aurez échauffée
auparavant, à petit feu & au bain-marie. Remuez bien le tout avec la fpatule, & paffez-le
par un linge, pour en ôter les matieres étrangeres, ou les morceaux qui n'auroient pas été
complétement fondus; mettez cette compo-
fition dans des pots fecs & propres; laiffez-la
repofer, au moins deux fois vingt-quatre heures, avant de vous en fervir; employez ce
vernis à froid, fi c'eft l'été; car dans l'hyver il
faudra le tiédir, fur-tout pendant les gélées;
autrement le froid le faifiroit.

Tome II.

E

Obſervation.

Le vernis gras a plus de corps, plus de ſolidité. Celui à l'eſprit-de-vin eſt plus brillant;
& comme on ſacrifie rarement le beau, on
met quelquefois par-deſſus le vernis gras une
couche ou deux de vernis à l'eſprit-de-vin.
Alors on ſemble réunir les deux qualités; cependant le premier donne toujours un terne
que le dernier ne peut effacer.

Vernis à l'eſſence.

Le vernis à l'eſſence ſe fait avec deux onces de gomme-laque platte, quatre onces
d'arcançon, qu'on fait fondre enſemble, que
l'on met dans une livre d'eſſence de térébenthine de Veniſe, & que l'on amalgame
au bain-marie. La compoſition faite, paſſez
le tout par un linge, & ſervez-vous-en pour
détremper les couleurs, quand vous les employez au vernis.

Seconde Obſervation.

On faiſoit autrefois des vernis de couleur,
mais on en a vu l'abus; il eſt mieux d'appli-

quer les teintes, comme nous l'avons dit, & passer par-dessus, suivant les regles de l'Art, le nombre de couches de vernis qu'on juge à propos. Les vernis en sont plus beaux ; les différentes matieres qu'on y faisoit entrer pour les colorer, les altéroient.

On fait encore cependant des vernis noirs pour les ferrures.

Vernis noir.

Le plus solide est celui qui est composé de karabé, de bitume de Judée, & d'arcançon. On fait fondre ces matieres séparément, & on les mêle ensemble quand elles sont en fusion. On y incorpore de l'huile grasse, on remue bien le tout, on le retire du feu, & les matieres étant encore chaudes, on y ajoute de l'essence de térébenthine.

Maniere d'appliquer le vernis pour toute impression, soit en huile, soit en détrempe.

1°. Ne mettez jamais une seconde couche de vernis, que la premiere ne soit parfaitement séche.

2°. Ayez foin de l'étendre le plus également possible.

3°. Obfervez qu'il craint l'humidité.

4°. Qu'il faut l'employer à grands traits & rapidement. Il faut l'allée & le retour au plus. Evitez de repaffer, il rouleroit ; en croifant les coups de pinceau, c'eft contrarier les couches.

Pour vernir, il faut des pinceaux de poils de blaireau, ou de porc très-fin, faits en patte d'oie, on les appelle *blaireau à vernir*. Quand les parties à vernir font de peu d'efpace, on fe fert de pinceau enchaffés dans des plumes.

Des Couleurs.

Avant la connoiffance de la maniere de faire les teintes, il eft bon que vous ayez une idée des couleurs. Je n'entrerai cependant dans aucune differtation phyfique à leur égard. Je me contenterai de vous parler de celles dont vous pouvez avoir befoin.

Blanc.

Le *blanc de plomb* a l'avantage de ne pas

changer après son emploi ; il ne jaunit ni ne noircit ; le meilleur est celui qui vient de Venise, il est supérieur à la *céruse* qui est ce même blanc de plomb dans lequel on a amalgamé de la craie, & qui nous vient de la Hollande. On doit employer le blanc de plomb seul, quand on veut du beau. A l'égard de la céruse, on en met dans toutes les couleurs, elle les rend plus belles & plus brillantes. On se sert indifféremment de ces deux blancs, à l'huile ou à la détrempe, leur préparation fait tout.

Il n'en est pas de même du *blanc de Bougival* qui se vend en pain, & qui n'est autre que du blanc d'Espagne. Il ne s'emploie qu'en détrempe, & ne réussit pas à l'huile.

Rouge.

L'*ocre rouge* nous vient d'Angleterre, il s'emploie à l'huile ou en détrempe ; il est d'un rouge brun. Le même pays nous fournit aussi la *potée*, qui est une autre espece d'ocre qui differe du rouge brun, en ce que sa couleur est bien plus foncée.

Le *minium* est du plomb minéral, pulvé-

E 3

rifé, & auquel une longue calcination a donné une couleur rouge.

Le *rouge de Prusse* eft une terre calcinée qui produit de beau rouge & imite le vermillon.

Le *cinabre* eft un rouge compofé de foufre & de mercure bien amalgamés.

Le faites-vous fublimer par l'action du feu; il produit le plus beau rouge. Si vous le broyez long-temps & avec foin, il fe réduit en poudre fine & donne le *vermillon*.

La *lacque* eft une efpece de craie à laquelle on donne une couleur rouge avec de la bourre d'écarlate, de la teinture de bois de Bréfil ou autres.

On appelle *lacque fine de Venife* celle qui eft faite avec la cochenille, après qu'on en a tiré le premier carmin.

Le *carmin* fe tire de la cochenille par le moyen d'une eau qu'on a fait infufer avec du chouan & de l'autour.

Jaune.

L'*ocre jaune* fe tire du Berry. Les mines en font très-profondes.

Le *jaune de Naples* eſt un beau jaune qu'on trouve autour des mines de ſoufre qui proviennent des laves du Mont-Véſuve.

Terra merita vient des Indes, elle ſert à donner une couleur qui imite l'or.

La *graine d'avignon*, ainſi nommée parce qu'elle eſt produite ſous ce climat, donne une teinture d'un aſſez beau jaune.

La *gaude* eſt une plante qui en ſéchant devient jaune. On la cultive dans les terres fortes. Le Languedoc, la Normandie, la Picardie en fourniſſent.

Le *ſtil de grain* eſt une pâte d'une eſpece de craie, qui ſe trouve aux environs de Troies, & qu'on teint avec une décoction, ou de *graine d'Avignon*, ou *de gaude*.

Verd.

Le *verd-de-gris* eſt, à proprement parler, la rouille de cuivre. On en fait beaucoup en Languedoc, en Provence, en Italie. Il en faut mettre le moins qu'on peut dans les couleurs, il les gâte & les noircit.

Le *verd de veſſie* ſe fait avec le fruit d'un arbriſſeau qui croît dans les haies, & qu'on nomme nerprun. On en fait peu d'usage dans le Bâtiment, il n'a pas assez de corps.

La *terre verte de montagne* vient de Vé-ronne en Italie, elle fait de beau verd. On s'en sert beaucoup pour le tableau.

Le *verd de montagne* est une poudre ver-dâtre qui se trouve dans les montagnes de Kernausen en Hongrie, on s'en sert dans les détrempes; quant à la peinture à l'huile, elle fait trop foncer les couleurs.

Les autres verds qu'on emploie sont *com-posés*. Je vous en donnerai les détails lorsqu'il sera question de faire les teintes.

Bleu.

La *cendre bleu* nous vient de Pologne.

L'*indigo* nous est envoyé des Indes occi-dentales; il se mêle avec du blanc, autrement il donneroit une teinte noirâtre.

Le *bleu de Prusse* porte le nom du pays d'où il vient.

Brun.

L'*ocre de rue*, ou le *jaune obscur* est une terre qui se trouve sur les bords des ruisseaux qui coulent dans les mines de fer ; il sert à peindre en brun clair, pour les badigeons, &c.

On emploie la *terre d'ombre* pour peindre en brun, elle est plus utile pour le tableau que pour l'impression.

La *terre d'Italie* est brune, elle n'est pas d'un grand usage pour le Bâtiment.

Il y a plusieurs autres couleurs d'Italie, telles que la *terre de Cologne*, le *jaune d'Italie*, la *terre de Sienne*, &c.; mais elles ne servent qu'aux Peintres en tableaux & au décore.

Noir.

Le *noir d'os* provient d'os brûlés, pilés & broyés, il donne un noir roussâtre.

Le *noir de pêche* se fait avec des noyaux de pêche brûlés & réduits en poudre, il fait un gris foncé.

Le *noir d'ivoire* est précisément des morceaux d'ivoire consommés dans des creusets, il est plus vif que le noir de pêche & fait gris de perle.

Le *noir de charbon* est du charbon de fusin pilé, il vaut mieux à la détrempe qu'à l'huile.

Le plus beau de tous les noirs eſt celui qu'on tire des farmens brûlés, on l'appelle *noir de vigne.* Plus on le broie, plus il donne d'éclat.

Le *noir de fumée* ſe recueille à la mêche d'une lampe, d'une chandelle, &c. Le *noir de poix* eſt meilleur. En général le *noir de fumée* rougit, & n'eſt pas bon pour les couleurs. On s'en ſert pour les balcons, les rampes & tous ouvrages communs.

Il y a pluſieurs couleurs que je paſſe ſous ſilence, mais ce ſont des poiſons, & l'emploi en eſt ſi dangereux, qu'avec le bon cœur que je vous connois, vous me blâmeriez d'en parler.

Je vous obſerverai ſeulement que, comme la plupart des couleurs dont vous venez de voir les détails, ſont des terres ou des compoſitions ſolides, dont on ne peut ſe ſervir dans l'état que nous les recevons, il faut commencer par les broyer avec le plus grand ſoin. Ne craignez pas de les fatiguer par la molette, plus elles ſeront réduites en poudre, plus elles ſeront belles. Ne les broyez jamais à ſec, elles s'échaperoient en pouſſiere ; employez quelque liquide qui puisse retenir les particules légeres qui sont divisées par le broiement. On se sert ou d'eau, ou d'esprit-devin; on emploie ou l'huile ou l'essence, le genre de peinture en décide.

Pour broyer la détrempe on se sert d'eau pure, on en met peu à la fois; l'opération faite, on met dans le tout une bonne colle de parchemin.

Les couleurs à l'esprit-de-vin se broient avec un vernis fait de deux onces de *mastic en larmes*, deux onces de sandaraque dans une pinte d'esprit-de-vin. Les gommes étant fondues, on y jette un quarteron de *térébenthine* de Venise, & on fait faire au tout quelques bouillons.

Ce vernis sèche promptement; c'est pourquoi ne détrempez les couleurs qu'à mesure que vous vous en servirez. Les couleurs broyées à l'huile sont les plus solides. Pour l'ordinaire on les emploie avec de l'essence de térébenthine coupée par *moitié d'huile*.

Quelquefois aussi on ne met en usage que *l'essence de térébenthine* seule; mais on n'en fait pas mieux, la peinture devient blan-

châtre par les suites , se réduit en pouffiere
& se décompose.

Maniere de former les teintes de toutes
   couleurs , de les broyer , détremper
   & mélanger.

Beau Blanc.

Prenez de la *cérufe* broyée à l'eau & détrempée à la colle ; mettez-y une pointe de
bleu de Pruffe & de noir de charbon broyé
très-fin.

On se fert auffi de blanc de Bougival au
lieu de cérufe, l'ouvrage en devient moins
cher , mais moins beau.

Si votre ouvrage eft à l'huile , prenez du
blanc de cérufe broyé dans de l'huile de noix
ou d'œillet que vous détremperez avec de l'effence. Pour rendre l'huile plus ficcative, mettez pour la premiere couche un ou deux gros
de *couperofe blanche* par livre de couleur.
Pour la seconde couche vous n'y mettrez pas
de couperofe, vous la laifferez fécher d'elle-
même. N'oubliez pas , pour que votre blanc

foit vif & pétillant, & ne tende pas au roux
que l'huile donne pour l'ordinaire, d'y lancer
la pointe de *bleu de Pruſſe* & de charbon
bien broyé, dont je vous ai parlé.

Verd d'eau.

On le fait de deux manieres.

PREMIERE MANIERE.

Prenez du *verd de montagne*, mettez-y du
blanc de céruſe, autant qu'il ſera néceſſaire
pour votre teinte ; broyez l'un & l'autre à
l'eau, & le détrempez à la colle de parchemin.

SECONDE MANIERE.

Prenez de la *cendre de bleu*, du *ſtyl de
grain* de Troies & de *la céruſe ;* faites un
échantillon pour connoître la teinte que vous
déſirez. Vous broyez le tout à l'eau, & détrempez à la colle.

Nota. Vous ſentez que, ſi vous voulez
vos peintures à l'huile, il faut les broyer &
les détremper en conféquence.

Beau verd pour les Appartemens.

Une livre de *blanc de ceruſe*, deux onces

de ſtyl de grain de Troies, une demi-once de bleu de Pruſſe. Plus ou moins de ſtyl de grain ou de bleu de Pruſſe décideront votre teinte.

En détrempe broyez avec eau, & détrempez à la colle de parchemin.

En huile, broyez avec huile de noix, & détrempez avec huile coupée d'eſſence de térébenthine.

Gris de lin.

De la lacque, du bleu de Pruſſe & de la céruſe font le gris de lin tel qu'on peut déſirer. On les broie ſéparément, on fait la teinte, en les eſſayant pour les quantités. Il y faut peu de bleu de Pruſſe; on emploie cette couleur à la détrempe ou à l'huile.

Gris de perle.

Le gris de perle ſe fait avec du blanc de céruſe, du noir de vigne & une pointe de bleu de Pruſſe; on l'emploie ou en détrempe, ou à l'huile.

Bleu.

Pour faire un beau bleu, il faut de la céruſe & du bleu de Pruſſe. Vous y mettrez de ce dernier ſelon la nuance de bleu que vous déſirez. Il s'emploie en détrempe; mais à l'huile la couleur en ſera plus belle.

Jaune.

On fait le jaune avec de la céruſe & de l'ocre de Berri; lancez-y un peu de ſtyl de grain; on les emploie à la détrempe ou à l'huile.

Chamois.

Prenez un peu d'ocre de Berri, beaucoup de jaune de Naples, une pinte de vermillon & du blanc de céruſe. Eſſayez votre teinte, en mettant un peu plus ou un peu moins de ces couleurs, & vous aurez un beau chamois, qu'il ſoit en détrempe, ou qu'il ſoit à l'huile.

Jonquille.

Le jonquille ſe fait avec de la céruſe & du ſtyl de grain de Troies. On emploie cette impreſſion, ou en détrempe, ou en huile.

Citron.

Prenez du beau ſtyl de grain de **Troies** &

du jaune de Naples, plus ou moins suivant la teinte que vous défirez; étant mêlés avec de la cérufe, vous aurez le citron.

Cramoifi.

De la *lacque carminée*, *du carmin* & du *blanc de cérufe* feront votre teinte, en mettant plus ou moins de l'un ou de l'autre.

Couleur de rofe.

Un peu de *carmin*, une pointe de *vermillon* & du *blanc de plomb*.

Violet.

De *la lacque*, de *la cérufe* & un peu de *carmin*.

Couleur d'or.

Prenez du *blanc de cérufe*, de *l'ocre de Berri*, & plus ou moins *de jaune de Naples*. Joignez-y un peu *d'orpin rouge*, vous emploierez le tout à l'huile ou à la détrempe.

Couleur de bois de chêne.

Trois quarterons de *blanc de cérufe*, un
quart

quart d'ocre, de la *terre d'ombre* & du *jaune de Berri*, plus ou moins, suivant la teinte où vous voudrez parvenir.

Couleur de bois de noyer.

Du *blanc de céruse*, de l'*ocre de rue*, de la *terre d'ombre*, & du *jaune de Berri* On les emploie en huile ou en détrempe.

Olive.

Du *jaune de Berri*, un peu de *ver de gris* & du noir, plus ou moins de ces deux derniers. Il faut les broyer à l'huile, & les détremper à l'huile coupée d'essence.

Si vous voulez que cette couleur olive soit en détrempe, prenez du *jaune de Berri*, de l'*indigo* & du *Blanc*.

Couleur maron.

Du *rouge d'Angleterre*, de l'*ocre de rue* & du *noir d'ivoire*, à la détrempe ou à l'huile.

Du Blanc de Roi.

J'oubliois de vous parler du blanc de Roi, que l'on nomme ainsi parce que les appartemens de Sa Majesté sont volontiers de cette couleur. C'est une détrempe qui se prépare comme celle qui est vernie, & , quand on en a donné cinq ou six couches, on adoucit & on répare les moulures; ensuite on fait une teinte de blanc de plomb dans laquelle on met un quart de *blanc de Bougival.* On broie le tout à l'eau, on y lance un peu de *bleu de Prusse* ou d'*indigo*, pour empêcher le blanc de jaunir, & après l'avoir détrempé en bonne colle, on en donne deux couches. Ce blanc ne se vernit pas, il est ami de l'or, il le fait briller & sortir.

Mais insensiblement je vous fais un petit traité de peinture d'impression; c'est peut-être plus que vous n'attendiez; pour moi j'y suis trompé, je finis par quelques observations générales, par les moyens d'éviter les erreurs dans lesquelles vous pourriez être entraîné.

Malgré tous les détails où je suis entré, pour vous faire connoître la peinture d'impression, soyez persuadé que, si vous la faites faire par des compagnons qui ne soient pas subordonnés à un maître, votre ouvrage vous coûtera le double, & peut-être plus, sans avoir l'agrément de la perfection. Ne confidérez donc toutes les connoiffances que vous avez actuellement, que comme des moyens pour furveiller à ce que l'Entrepreneur ne puiffe vous tromper, foit fur les huiles, foit fur les genres & les efpeces de couleur, fur le nombre des couches, fur leur liffe, fur leur adouci, fur leur poli, fur la nature des teintes plus ou moins vive, en conféquence de la bonté des marchandifes qu'on aura employées, fur la qualité & la beauté des ouvrages en général, fur la nature même des couleurs, fur leur emploi. Vous ne pouvez trop prendre garde à la qualité des vernis ; il s'en fait de différentes fortes & à toutes fortes de prix. Ces variatons dépendent de la bonté & du choix des liqueurs, des matieres, des peines, des foins & des préparations qu'on y a apporté. Votre vernis fera beau, s'il eft clair, limpide, & s'il refte folide étant employé. Il doit faire corps, de maniere que l'ongle ne puiffe le pénétrer.

J'ai vu des vernis faits feulement avec de l'*eau-de-vie* & de la *gomme d'Arabie*. Encore comme le maître avoit donné de l'argent à fon compagnon pour l'eau-de-vie, ce dernier, pour partager la fraude, mit-il de l'eau en place. Il eut le foin feulement de répandre fur l'ouvrage un peu de liqueur, afin de donner de l'odeur, & que fon maître y fut furpris lui-même. Le Maître fournit-il l'eau-de-vie en nature, les Compagnons la boivent, ou, d'après leurs expreffion, ils la *coqtent*.

Paffez donc un marché, payez *à la toife*, & donnez des prix convenables & relatifs à la nature de chaque genre d'ouvrage. C'eft à l'Entrepreneur alors à fournir de toutes peines, foins, équipages, & de toutes chofes généralement quelconques, pour mettre fon ouvrage au degré de perfection auquel le prix fixé pourra l'obliger. Ne fourniffez aucun bois pour faire les colles, on en fait le plus grand abus; ayez feulement attention que les Compagnons ne gâtent pas vos marbres, tels que les tables & tablettes de cheminée, en mettant deffus leurs huiles & leurs couleurs. Cette négligence eft méchanceté, elle occafionne des taches qui détruifent la fraîcheur & la beauté des marbres, fur-tout s'ils font blancs. Ayez foin qu'ils ne mettent pas

le feu trop en avant, afin que la fumée n'en-
dommage pas vos chambranles, ce qui n'arrive que trop souvent par la grande saillie de
la chaudiere où ils mettent leur colle. Prenez
garde aussi que, par le trop grand feu, ils ne
fassent partir & casser vos marbres, plus ils
sont fins, plus ils y sont sujets. Il n'y en a
que trop d'exemples, sur-tout si on a l'im-
prudence de leur fournir le bois, & que ce
soit l'hiver. Ne laissez pas faire de feu dans la
cheminée de la piece où ils travaillent; dési-
gnez-en une où ils iront faire leur colle, &
qu'il n'y ait pas de chambranle, autrement
il y arrivera accident. Si c'est l'hiver que l'on
travaille, & que l'on ait besoin de feu pour
faire sécher l'ouvrage, c'est à votre Entrepreneur à fournir des poëles, & à s'arranger
en conséquence; faites votre marché d'après
ces principes. S'il se sert de poëles ambulans,
obligez-le de mettre au-dessous des plaques
de fer de fonte, de peur de brûler le parquet,
il en faut même à l'embouchure d'un poële
ordinaire, & si l'on en place un, ne souffrez
pas que le tuyau soit posé de maniere que
quelques parties de vos chambranles, mar-

tres ou autres en puissent souffrir. Exigez dès le premier instant que vos ouvrages soient faits suivant les conditions de votre marché & les regles de l'art.

Que d'observations à vous faire, si vous fournissiez quelque chose. Mais vous voilà assez instruit, je crois, pour vous en ôter l'envie. Vous donneriez occasion au plus grand brigandage, &, de telle maniere que vous pussiez vous y prendre, vous seriez trompé. Ne laissez à l'abandon aucunes parties de vieille menuiserie, on les brûleroit. J'ai vu même en brûler de neuves; mais alors c'est l'affaire du Maître Menuisier, c'est à lui à s'en défendre, ainsi que pour le vieux, si vous lui avez donné en compte. Mais ne conduisons pas plus loin cet article, je reviens à la Peinture.

Si vous avez d'anciens lambris ou autres parties de menuiserie peintes à l'huile ou vernies dont vous vouliez vous servir, il faut les lessiver. A cet effet on se sert de potasse qui est une espece d'eau seconde; on en emboit les anciennes peintures; on les frotte en passant de grosses éponges dessus. bientôt il se forme une écume, & quand on voit que toute la partie eft en fermentation, on y jette de l'eau, & on lave afin d'emporter tout le fédiment. Veillez à ce que le lambris foit net & pur, fans aucune graiffe ou mal-propreté, & en état de recevoir de la détrempe même, fi on le juge à propos.

Il y a encore une erreur que vous devez prévenir, c'eft le bouchement des trous & les raccords en maftic pour vos vieux lambris. On vous compte des journées; on vous forme la demande d'une quantité prodigieufe de maf- tic. Quand on vient au mémoire, comment s'y connoître? Combien allouer? D'après quel principe partir? Il n'y a qu'un devis qui puiffe remédier à cet inconvénient. Ayez donc foin, dans votre marché, de fpécifier que le leffivage de toutes les vieilles parties de menuiferie fera payé par chaque toife fu- perficielle, y compris le bouchement de trous, raccords & fournitures de maftic. Quant aux bouchemens de trous & raccords que l'on demande quelquefois pour ouvrages neufs, il n'en eft pas dû; l'ufage y eft formel. Cepen- dant, pour lever toutes difficultés, annoncez

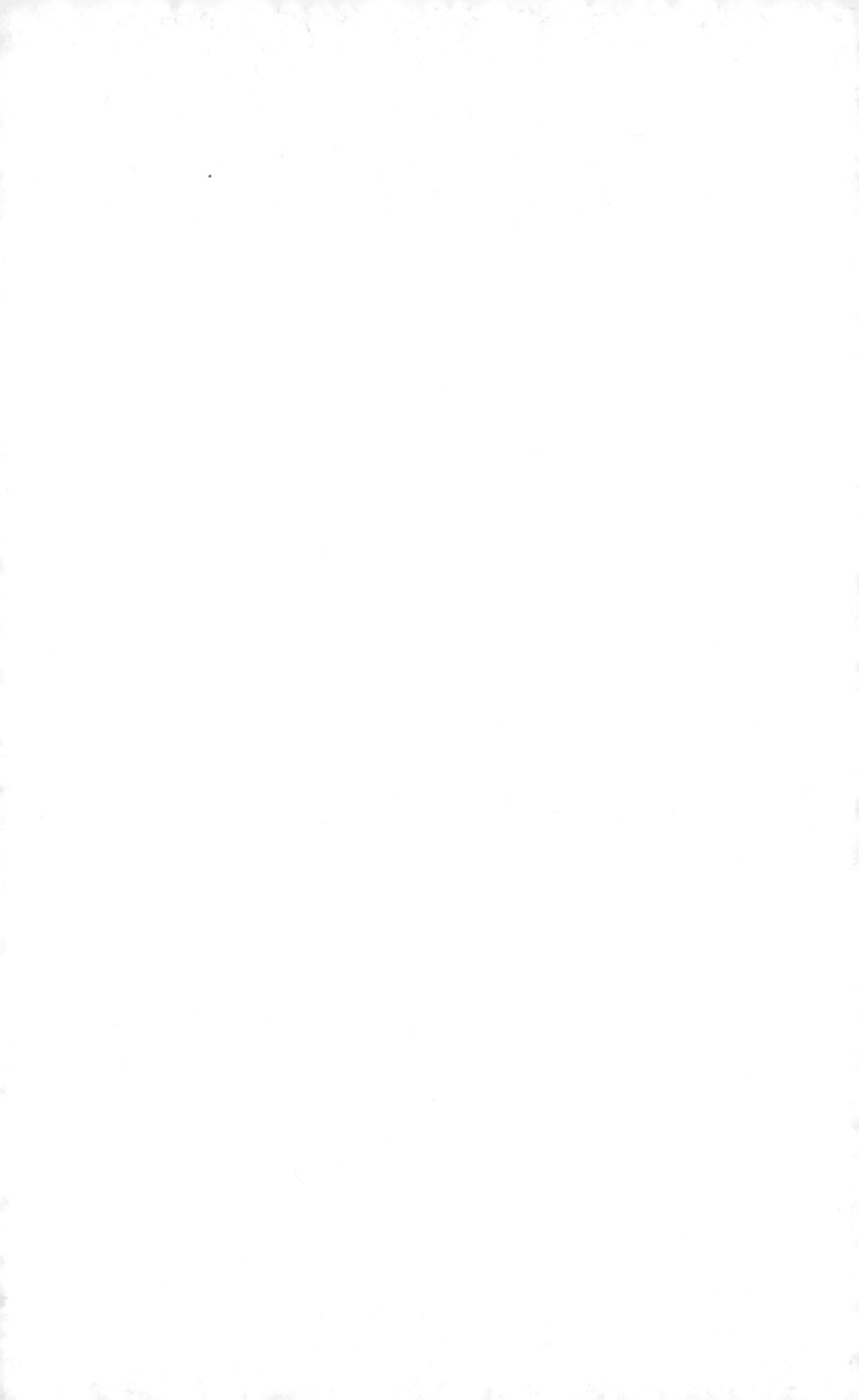

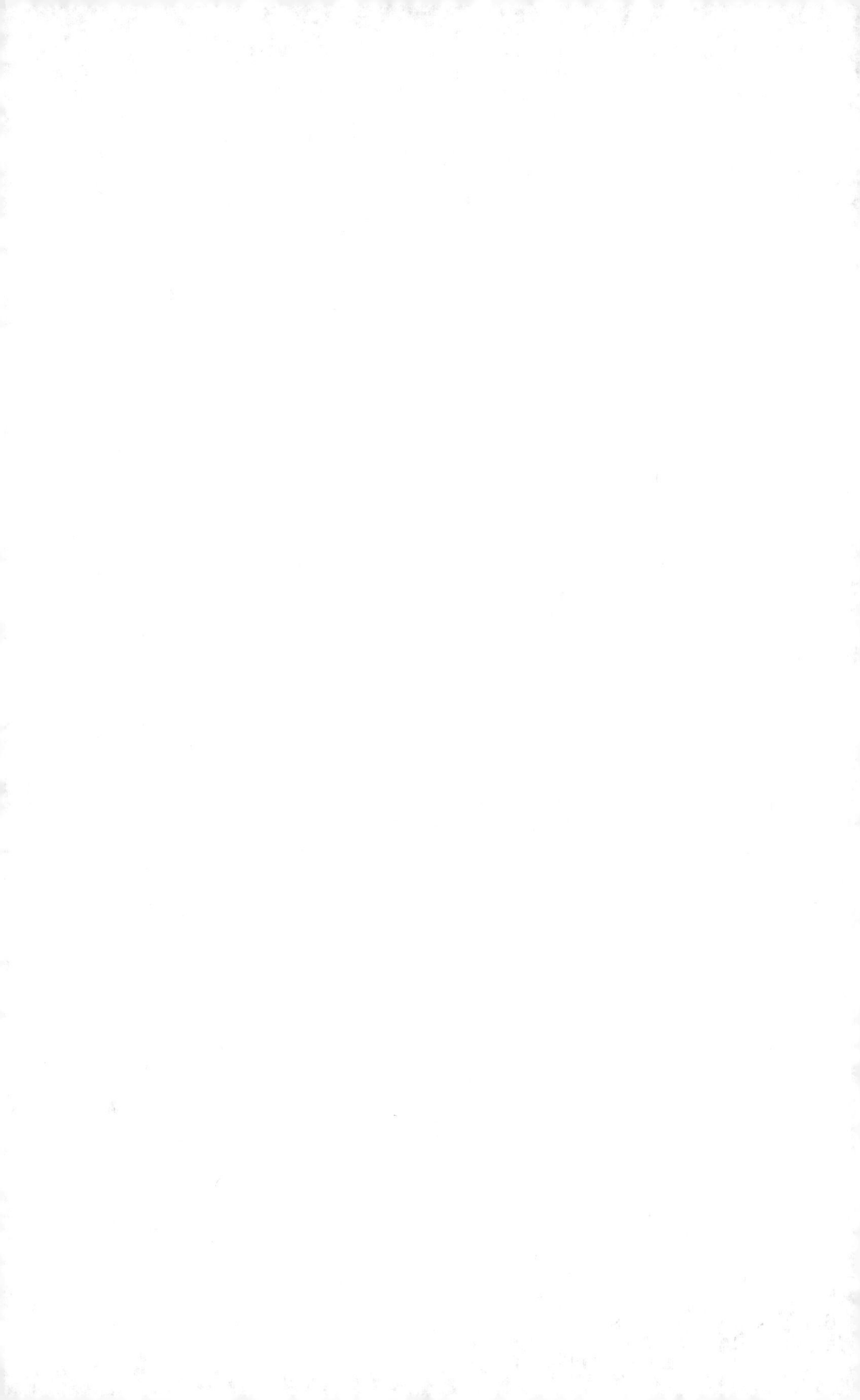

www.ingramcontent.com/pod-product-compliance
Lightning Source LLC
Chambersburg PA
CBHW071417220526
45469CB00004B/1308